Die Strafbarkeit
des Vorsatzes und der Fahrlässigkeit
beim Vergehen des Nachdrucks
im Preußischen Rechte.

Von

Dr. Otto Dambach,
Ober-Post-Rath und Staats-Anwalt zu Berlin.

Separat-Abdruck aus der Preußischen Anwalts-Zeitung 1864.

Berlin.

Verlag von J. Guttentag.

1864.

Von der nachfolgenden Abhandlung haben wir mit Genehmigung des Herrn Verfassers einen Separat-Abdruck veranstaltet, da dieselbe, auch in weiteren, namentlich buchhändlerischen Kreisen von Interesse sein dürfte.

Die Verlagshandlung.

Das preußische Nachdrucksgesetz vom 11. Juni 1837 (Ges.-Samml. S. 165) bestimmt in dem

§. 1.: „Das Recht eine bereits herausgegebene Schrift ganz oder theilweise von Neuem abdrucken oder auf irgend einem mechanischen Wege vervielfältigen zu lassen, steht nur dem Autor derselben oder denjenigen zu, welche ihre Befugniß dazu von ihm herleiten.

§. 2. Jede solche neue Vervielfältigung, wenn sie ohne Genehmigung des dazu ausschließlich Berechtigten (§. 1) geschieht, heißt Nachdruck und ist verboten.

§. 10. Wer das, den Autoren, ihren Erben oder Rechtsnachfolgern zustehende, ausschließende Recht dadurch beeinträchtigt, daß er ohne deren Genehmigung von demselben Gebrauch macht, ist den Beeinträchtigten vollständig zu entschädigen verpflichtet und hat, außer der Konfiskation der noch vorräthigen Exemplare, eine Geldbuße von 50 bis 1000 Thlrn. verwirkt."

Dieselben, resp. analoge Vorschriften gelten für den unerlaubten Abdruck von Manuscripten, Predigten und Lehrvorträgen, für den Nachdruck von Zeichnungen und musikalischen Kompositionen, für die Nachbildung von Kunstwerken, sowie endlich für die unbefugte Aufführung dramatischer oder musikalischer Werke.[1])

Weder in den eben angeführten Paragraphen, noch in irgend einem der später ergangenen ergänzenden Gesetze[2]) ist nun aber ausdrücklich ausgesprochen, ob zum Thatbestande des verbotenen Nachdrucks[3]) in subjektiver Beziehung der dolus des Thäters erforderlich ist, oder ob auch die culpa bestraft wird, oder ob endlich selbst ein, ohne jede Verschuldung herbeigeführter, rein kasueller Nachdruck genügt, um die Strafbarkeit und die Ersatzverbindlichkeit des Nachdruckers zu begründen.

Nur in Betreff der Verbreitung des verbotenen Nachdrucks spricht das Gesetz vom 11. Juni 1837 bestimmt aus, daß nur die dolose Verbreitung verboten sein solle, indem es im §. 13 verordnet:

> „Wer widerrechtlich vervielfältigte Werke **wissentlich** zum Verkauf hält, ist dem Beeinträchtigten, mit dem unbefugten Vervielfältiger solidarisch zur Entschädigung verpflichtet, und hat außer der Konfiskation, eine nach Vorschrift des §. 10 zu bestimmende Geldbuße verwirkt."

Bei dieser Lage der Gesetzgebung ist sowohl die Theorie, als auch die Praxis darüber zweifelhaft geworden, ob, resp.

---

1) Gesetz vom 11. Juni 1837. §§. 3. 18. 19. 21. 32.

2) S. die amtliche „Sammlung der neben dem Strafgesetzbuch geltenden Strafgesetze." 1856. S. 96 ff.; Heydemann und Dambach, die preuß. Nachdrucksgesetzgebung. 1863. S. 597 ff.

3) Zur Abkürzung wird im Folgenden das Wort „Nachdruck" zugleich zur Bezeichnung aller übrigen Arten unerlaubter Vervielfältigungen gebraucht werden.

welche subjektive Verschuldung zum Thatbestande des Nachdrucks erforderlich sei.

Von den Schriftstellern erklärt Ritter[4]) nur den dolosen Nachdruck für strafbar.

Die meisten neueren Rechtslehrer dagegen nehmen an, daß sowohl der dolose, als auch der kulpose Nachdruck strafbar sei und die Ersatzverbindlichkeit begründe.[5])

Friedländer endlich[6]) scheint auch den rein kasuellen Nachdruck für verboten zu halten, indem er sich dahin ausspricht,

> daß beim Nachdruck schon die Thatsache das Delikt perfekt mache und es insbesondere beim Nachdrucker nicht einmal des Bewußtseins der Widerrechtlichkeit bedürfe.

Die Praxis der preußischen Gerichtshöfe hat gleichfalls fortdauernd geschwankt.

In früherer Zeit haben die Gerichte erster und zweiter Instanz wiederholt ausgesprochen, daß nur derjenige wegen Nachdrucks gestraft werden könne, welcher die Nachdrucksqualität des von ihm verlegten Werkes gekannt habe, d. h. also: daß nur der dolose Nachdruck verboten sei.[7]) Hiermit scheint auch die Ansicht des Königl. Geh. Ober-Tribunals

---

[4]) Ritter, Ueber Nachdruck nach preuß. Rechte. 1845.

[5]) Vergl. Jolly, die Lehre vom Nachdruck. 1852. S. 92. 256 ff.; Wächter, das Verlagsrecht. 1857. S. 623. 667. 702; Gerber, Jahrbücher für die Dogmatik des heutigen römischen und deutschen Privatrechts. 1859. Bd. 3. S. 397. 398.

[6]) Friedländer, der einheimische und ausländische Rechtsschutz gegen Nachdruck und Nachbildung. 1857. S. 68. Anm. 2. Vgl. hierüber auch Goltdammer, Archiv für preuß. Strafrecht. Bd. 9. S. 105.

[7]) Heydemann und Dambach, a. a. O. S. 210. Anm. 2. S. 329. Anm. 2.

in dem Gutachten vom 13. Februar 1844 [8]) übereinzustimmen, indem es daselbst heißt:

„Die Strafbarkeit hängt in subjektiver Beziehung nur davon ab, ob die verbotene Handlung in der Absicht, das durch ein Strafgesetz geschützte Recht verletzen zu wollen, verübt worden ist; d. h. also hier in der Absicht, die ausschließliche Verfügung des Verfassers über sein Geisteswerk demselben zu entziehen.“

Dagegen hat der höchste Gerichtshof später in dem Erkenntnisse vom 29. Juni 1853 [9]) direkt ausgesprochen:

„daß der Einwand des Druckers und Verlegers eines nachgedruckten [10]) Werkes, wie er nicht gewußt, daß das ihm von einem angeblichen Autor zum Verlage überlassene Werk einen Nachdruck enthalte, denselben von der Entschädigung des Beeinträchtigten nicht befreien könne.“

In den Gründen dieser Entscheidung wird ausdrücklich hervorgehoben, daß zum Thatbestande des Nachdrucks weder der dolus, noch die culpa des Thäters nothwendig sei, daß vielmehr das objektive Vorhandensein eines Nachdrucks genüge, um die Strafbarkeit und Ersatzverbindlichkeit des Nachdruckers zu begründen, ohne daß es irgend welcher Verschuldung desselben bedürfe.

Im Anschluß an dieses Urtheil haben demnächst auch die Gerichte erster und zweiter Instanz wiederholt Strafe und Entschädigung in solchen Fällen ausgesprochen, in denen

---

8) Justiz-Ministerial-Blatt. 1844. Nr. 16. Beilage.

9) Präjudiz Nr. 2453. Entscheidungen Bd. 26. S. 80.

10) Dieser Ausdruck ist ungenau. Das „nachgedruckte“ Werk kann sprachlich sowohl das Original, als auch den Nachdruck bezeichnen.

dem Nachdrucker der Vorwurf eines dolosen oder kulposen Verfahrens nicht gemacht werden konnte.

In späterer Zeit hat aber das Königl. Ober-Tribunal diese Auffassung abermals verlassen und ist zu der Annahme zurückgekehrt, daß zum Thatbestande des Nachdrucks der dolus erforderlich sei. Wenigstens heißt es in dieser Beziehung in einem Erkenntnisse vom 18. Januar 1861 [11]) wörtlich:

„Von beiden Richtern ist das Zugeständniß des Angeklagten festgestellt, daß er gewußt, S. habe das Verlagsrecht aller der hier streitigen Artikel erworben. Eines Mehreren bedarf es nicht zur Strafbarkeit des Nachdrucks und der Verbreitung."

Aehnlich wird in einem Erkenntnisse vom 7. Dezember 1860 gesagt: [12])

„Urheber eines Nachdrucks ist derjenige, welcher den Nachdruck für sich — für seine Rechnung — veranstaltet oder veranstalten läßt, um über die Exemplare als sein Eigenthum zu verfügen und dieselben zu verbreiten, wenn er im Uebrigen auch den dolus dieses Vergehens hat;"

und hiermit übereinstimmend spricht ein Urtheil vom 24. April 1862 aus: [13])

„daß der beim Vergehen des Nachdrucks vorausgesetzte, jedoch einer ausdrücklichen Feststellung im Strafurtheile nicht bedürfende dolus in dem Bewußtsein von dem Verlagsrechte eines Dritten bestehe."

---

11) Oppenhoff, Rechtsprechung des Königl. Ober-Tribunals in Strafsachen. Bd. 1. S. 223.

12) Goltdammer, Archiv für preuß. Strafrecht. Bd. 9. S. 112.

13) Oppenhoff, a. a. O. Bd. 2. S. 356.

In neuester Zeit endlich ist der höchste Gerichtshof von dieser Ansicht nochmals abgewichen und hat in dem Urtheil vom 8. Mai 1863[14]) ausgesprochen,

daß nicht nur der dolose, sondern auch der kulpose Nachdruck strafbar sei.

Bei dieser Lage der Gesetzgebung, der wissenschaftlichen Jurisprudenz und der Rechtssprechung ergeben sich als Gegenstand der Untersuchung folgende beide Fragen:

I. Ist es zum Thatbestande des verbotenen Nachdrucks erforderlich, daß der Drucker, resp. Verleger des Nachdrucks dolose oder wenigstens kulpose gehandelt habe, oder ist derselbe auch dann strafbar und ersatzverbindlich, wenn er nachweislich ohne jede culpa den Nachdruck verlegt hat?

II. Worin besteht das Wesen des **dolus** und der **culpa** beim Nachdruck?*)

A.

I. Unzweifelhaft und unbestritten ist die Strafbarkeit und Ersatzverbindlichkeit desjenigen, welcher ein literarisches oder artistisches Erzeugniß druckt, verlegt oder nachbildet mit dem Bewußtsein der Widerrechtlichkeit seiner Handlungsweise und mit dem Bewußtsein, dadurch die bestehenden Autoren- oder Verlagsrechte eines Anderen zu kränken. Eine solche dolose Handlung ist überhaupt die schwerste Art des Nachdrucks und ihre Strafbarkeit ergiebt sich unmittelbar aus dem Wortlaut des §. 2 des Gesetzes vom 11. Juni 1837. Denn, wenn dieses Gesetz jeden Nach-

---

14) Oppenhoff, a. a. O. Bd. 3. S. 440.

*) Die vorliegende Abhandlung beschränkt sich lediglich auf den dolus und die culpa des Nachdruckers selbst; die ebenfalls sehr bestrittene Frage über den dolus des Theilnehmers am Nachdruck bleibt einer späteren Erörterung vorbehalten.

druck für verboten erklärt, so versteht sich von selbst, daß vor Allem die schwerste Art dieses Vergehens, der vorsätzliche Nachdruck, mit Strafe geahndet werden soll.

Die Bedenken, welche sich in dieser Beziehung in der Wissenschaft und Praxis geltend gemacht haben, betreffen nur die — nunmehr zu erörternde — Frage, worin das Wesen des dolus beim Nachdruck bestehe, und ob namentlich eine gewinnsüchtige oder eigennützige Absicht zu demselben erforderlich sei.

II. Der Begriff des dolus beim Nachdruck ist derselbe, wie bei den meisten übrigen strafbaren Handlungen. Er besteht, wie bereits oben angedeutet, darin, daß der Thäter ein literarisches oder artistisches Erzeugniß vorsätzlich, mit der Absicht der Verbreitung, auf mechanischem Wege vervielfältigt oder vervielfältigen läßt, mit dem Bewußtsein der Widerrechtlichkeit seiner Handlungsweise und mit dem Bewußtsein, durch dieselbe die bestehenden Autoren- oder Verlagsrechte eines Anderen zu kränken.[15]

Etwas Weiteres fordert aber das Gesetz nicht, und es ist namentlich nirgends ausgesprochen, daß zu dem Thatbestande des Nachdrucks Gewinnsucht oder Eigennutz erforderlich sei. Am treffendsten spricht sich hierüber ein Gutachten des preußischen literarischen Sachverständigen-Vereins vom 28. Januar 1846 aus, in welchem es heißt:[16])

„Dabei muß es gleichgültig erscheinen, in welcher Absicht die in dem unerlaubten Abdruck liegende Rechtsverletzung geübt sein mag, sollte diese Absicht

---

15) Vergl. das Gesetz vom 11. Juni 1837. §§. 1. 2. 10; Entscheidung des Ober-Tribunals vom 7. Dezember 1860 (Goltdammer, Archiv, Bd. 9. S. 111. 112).

16) S. bei Heydemann und Dambach a. a. O. S. 231 ff.

auch nach subjektivem Dafürhalten eine rechtliche sein. Wohl mag es gegründet sein, daß in der bisherigen Praxis eine überwiegende Anzahl von Nachdrucken in gewinnsüchtiger Absicht gemacht wurde. Dies berechtigt aber nicht zu der Annahme, als ob es gesetzlich erlaubt sei, einen Abdruck aus Uebermuth oder Bosheit, aus Scherz oder Schadenfreude, oder auch in guter, namentlich in wissenschaftlicher Absicht, zu veranstalten.

Selbst ein guter Zweck vermag nicht eine ungesetzliche Handlung in eine gesetzliche zu verwandeln. Das Gesetz aber will nicht blos dem unrechtmäßigen, aus dem Nachdruck fließenden Gewinn steuern: von einem höheren Standpunkte schützt es das „„Eigenthum an den Werken der Wissenschaft und Kunst““ im weitesten Sinne des Wortes....

Wollte man zum Thatbestande des unerlaubten Nachdrucks in allen Fällen den Nachweis einer gewinnsüchtigen Absicht fordern, so würde der Schutz des Gesetzes gerade da, wo es sich um die Veröffentlichung eines mündlichen Vortrages durch den Druck handelt, wiederum illusorisch werden. Uebrigens ist noch zwischen einer gewinnsüchtigen und einer eigennützigen Absicht im weiteren Sinne zu unterscheiden. Eigennützig kann auch eine literarische, nicht auf Geldgewinn gerichtete Absicht sein. Man wird deshalb wohl thun, das bekannte Gutachten des Geheimen Ober-Tribunals vom 13. Februar 1844 in recht weitem Sinne aufzufassen, wenn dieses Gutachten den allein haltbaren Grundsatz anerkennt:

daß das preußische Gesetz vom 11. Juni 1837 sowohl beim Nachdruck selbst, als auch bei einem, demselben nach §. 3 gleich zu achtenden Abdrucke nachgeschriebener mündlicher Lehrvorträge, eine eigennützige Absicht nicht erfordere."

Dagegen gehört, wie dies oben ausgesprochen und auch bereits vom Königl. Ober-Tribunal anerkannt worden ist,[17]) unzweifelhaft zum Thatbestande des Nachdrucks, daß der Thäter die Absicht habe, die auf mechanischem Wege hergestellten Exemplare zu verbreiten.[18]) Wenngleich dieses Requisit im Gesetze nicht ausdrücklich hervorgehoben ist, so folgt dasselbe doch mit Nothwendigkeit aus dem, der gesammten Nachdrucksgesetzgebung zum Grunde liegenden Zwecke: den Autor und seine Rechtsnachfolger gegen unbefugte Verbreitung und Veröffentlichung der Geistes-Erzeugnisse zu schützen.

Das Vergehen des Nachdrucks ist in dieser Beziehung dem Verbrechen der Münzfälschung nach preußischem Rechte vollständig analog. Auch zu dem Letzteren ist nach §. 121 des Strafgesetzbuchs nur erforderlich, daß der Thäter das Metall- oder Papiergeld nachmacht, ohne daß es, nach dem Wortlaute des Gesetzes, darauf ankommt, ob der Thäter die Falsifikate verausgabt oder die Absicht der Verausgabung gehabt hat. Dessen ungeachtet hat der höchste Gerichtshof mit vollem Recht wiederholt ausgesprochen, daß nur derjenige wegen Münzfälschung bestraft werden könne, welcher die Absicht gehabt, das nachgemachte Geld zu verausgaben, daß aber das Gesetz diese Absicht präsumire und

---

17) Goltdammer, Archiv. Bd. 9. S. 111.

18) Daß die Verbreitung bereits wirklich stattgefunden habe, ist nicht nöthig, da das Vergehen des Nachdrucks vollendet ist, sobald Exemplare des Nachdrucks vorgefunden werden (§. 14 des Gesetzes vom 11. Juni 1837).

daß daher der Thäter den Beweis der Negative zu führen verpflichtet sei.[19])

Ebenso verhält es sich mit dem Vergehen des Nachdrucks. Dasselbe ist konsummirt, sobald Exemplare des Nachdrucks vorgefunden werden, und es braucht dem Thäter der Nachweis, daß er auch Nachdrucks-Exemplare verbreitet habe oder wenigstens habe verbreiten wollen, nicht besonders geführt zu werden. Wenn dagegen der Nachdrucker seinerseits den Beweis zu liefern im Stande ist, daß er überhaupt gar nicht die Absicht gehabt habe, die Nachdrucke zu verbreiten, sondern daß er dieselben z. B. nur seiner Privatbibliothek habe einverleiben wollen, so wird derselbe unzweifelhaft sowohl von Strafe, als auch von der Entschädigung freizusprechen sein.[20])

Endlich sei noch hervorgehoben, daß von den Angeschuldigten in den Untersuchungen wegen Nachdrucks häufig der Einwand erhoben wird, daß sie sich nach der bestehenden buchhändlerischen und schriftstellerischen Usance zu dem veranstalteten Abdruck für berechtigt gehalten hätten. Dieser Einwand', welcher insbesondere in Betreff des Nachdrucks von Zeitungs- und Journal-Artikeln erhoben zu werden pflegt,[21]) verdient indessen nach preußischem Rechte keine Berücksichtigung und ist von den Gerichten mit Recht verworfen worden.[22]) Denn, wenn das Gesetz die Veranstaltung eines Nachdrucks für verboten und strafbar erklärt, so kann eine buchhändlerische Usance hierin nichts ändern,

---

19) Oppenhoff, Strafgesetzbuch. 3. Ausg. zu § 121 Anm. 9; Goltdammer, Archiv. Bd. 5. S. 399.

20) Vergl. Jolly, a. a. O. S. 240.

21) S. bei Heydemann und Dambach, a. a. O. S. XVIII.

22) Oppenhoff, Rechtsprechung. Bd. 2. S. 355.

und wenn der Thäter, im Hinblick auf eine derartige bestehende Usance, im guten Glauben einen gesetzlich unerlaubten Nachdruck veranstaltet hat, so ist er in einem Rechtsirrthum befangen gewesen, welcher bekanntlich nach preußischem Rechte die Strafbarkeit einer Handlung niemals ausschließt.

B.

I. Zweifelhafter erscheint schon die Frage, ob auch derjenige strafbar und ersatzverbindlich ist, welcher den Nachdruck nicht vorsätzlich verübt, sondern denselben nur durch ein fahrlässiges Verhalten veranlaßt hat.

Wenn man nämlich davon ausgeht, daß nach preußischem Rechte die culpa nur dann bestraft werde, wenn dies im Gesetze ausdrücklich angeordnet ist[23]), so könnte man zu der Schlußfolgerung gelangen, daß der kulpose Nachdruck wenigstens nicht kriminalrechtlich zu ahnden sei. Denn, wie am Eingange dieser Abhandlung hervorgehoben, ist gesetzlich nirgends ausdrücklich ausgesprochen, daß auch der kulpose Nachdruck mit Strafe bedroht sei.

Dessen ungeachtet wird man der Ansicht, welche von Jolly, Wächter und Gerber[24]) nach den bundesrechtlichen Bestimmungen vertheidigt wird, auch für das preußische Recht dahin beitreten müssen, daß der fahrlässige

23) S. z. B. Heffter, Lehrbuch des Strafrechts. 6. Aufl. 1857. §. 69. Anm. 1; Berner, Lehrbuch des Strafrechtes. 1857. §. 97. Anm. 1 auf S. 147; dagegen: Hälschner, System des preußischen Strafrechts. 1858. §. 39; Entscheidung des Ober-Tribunals vom 8. Mai 1863 (Oppenhoff, Rechtsprechung des Königl. Ober-Tribunals. Bd. 3. S. 440).

24) S. oben Anm. 5.

Nachdruck ebenfalls die Strafbarkeit und Ersatzverbindlichkeit des Thäters zur Folge habe.[25])

Es ergiebt sich dies zunächst aus dem §. 2 des Gesetzes vom 11. Juni 1837, welcher bestimmt, daß jede unerlaubte Vervielfältigung eines Geistesproduktes verboten sei. Wenn der Gesetzgeber nur den dolosen Nachdruck hätte verbieten wollen, so würde er unzweifelhaft sich der sonst gebräuchlichen Terminologie bedient und ausgesprochen haben, daß nur eine „absichtliche" oder „vorsätzliche" oder „wissentliche" unerlaubte Vervielfältigung verboten sei. Der vom Gesetze gewählte Ausdruck, nach welchem „jeder" Nachdruck verboten sein soll, deutet dagegen mit Sicherheit darauf hin, daß außer dem dolus auch der geringere Grad krimineller Schuld, die culpa, bestraft werden soll; denn entgegengesetzten Falles würde das Wort „jeder" geradezu ohne erkennbaren Sinn sein.

Zu demselben Resultate führt auch eine Vergleichung der §§. 2 und 13 des Gesetzes. Während nämlich der §. 2 a. a. O. jeden Nachdruck für strafbar erklärt, bestimmt der §. 13 a. a. O., daß in Betreff der Verbreitung des Nachdrucks nur ein wissentliches Handeln mit Strafe bedroht sein solle. Aus dieser Gegenüberstellung ergiebt sich, daß der Gesetzgeber bei dem Nachdrucker und bei dem Verbreiter von Nachdrucken eine verschiedene subjektive Verschuldung vorausgesetzt hat, und daß er bei dem Nachdruck selbst — im Gegensatze zu dessen Verbreitung — auch eine nicht wissentliche, eine nur fahrlässige Handlungsweise hat ahnden wollen. Denn wenn auch beim Nach-

---

25) Die Gründe, aus denen auch das Königl. Ober-Tribunal, nach jahrelangem Schwanken, in dem Urtheil vom 8. Mai 1863 den kulposen Nachdruck für verboten erachtet hat, erscheinen nicht durchgreifend.

druck nur ein doloses Verfahren hätte gestraft werden sollen, so wäre nicht einzusehen, aus welchem Grunde der Gesetzgeber dies nicht direkt ausgesprochen haben sollte, während er es für nothwendig erachtet hat, bei der Verbreitung von Nachdrucken ausdrücklich zu bestimmen, daß nur ein wissentliches Verbreiten strafbar sei.

Mit voller Gewißheit folgt aber die Strafbarkeit des kulposen Nachdrucks aus dem §. 27 des Gesetzes vom 11. Juni 1837. Dieser Paragraph bestimmt, daß die Urheber eines Kunstwerkes, wenn sie von dem ihnen ausschließend zustehenden Rechte der Vervielfältigung Gebrauch machen und sich gegen die Eingriffe Anderer sichern wollen, verpflichtet sind, von ihrem Unternehmen dem obersten Kuratorium der Künste Anzeige zu machen; und es schließt sich hieran folgende wörtliche Anordnung:

> „Wenn daher ein Anderer das von dem Urheber oder dessen Erben bereits vervielfältigte Kunstwerk mittelst irgend eines Kunstverfahrens nachbilden und das Nachbild verbreiten will, so hat er zuvor eine amtliche Aeußerung des obersten Kuratorium der Künste darüber einzuholen, ob eine Anzeige und Erklärung der obgedachten Art bei demselben abgegeben worden ist."

Wenn daher der Nachbildner es unterläßt, diese gesetzlich vorgeschriebene amtliche Aeußerung einzuholen, so kann er sich gegen den Vorwurf der verbotenen Nachbildung nicht schützen, d. h. mit anderen Worten: er unterliegt den Strafen des Nachdrucks nicht nur im Falle eines dolosen Verfahrens, sondern auch alsdann, wenn er aus Nachlässigkeit, aus kulposem Verhalten, es unterlassen hat, sich durch Anfrage bei dem obersten Kuratorium der Künste vorher darüber Gewißheit zu verschaffen, ob er durch seine Nachbildung die Autoren- oder Verlagsrechte eines Anderen verletzt.

II. Wenn sonach für unzweifelhaft erwiesen angenommen werden muß, daß auch der kulpose Nachdruck die Strafbarkeit und Ersatzverbindlichkeit des Thäters zur Folge hat, so bleibt nunmehr die Erörterung der Frage übrig, worin das Wesen der culpa beim Nachdruck besteht.

Culpa im Strafrecht ist im Allgemeinen

„die Hervorbringung der den Inhalt eines Verbrechens bildenden äußeren Erscheinungen, deren Eintritt nicht gewollt ist, aber bei gehöriger, auch dem Handelnden nach seiner Individualität möglichen Sorgfalt bei Vornahme seiner Handlung von ihm hätte vermieden werden können.“ [26])

Diese Begriffsbestimmung der culpa findet auch auf das Vergehen des Nachdrucks ihre volle Anwendbarkeit, und im Anschluß an die oben (unter A. II.) gegebene Definition des dolosen Nachdrucks erscheint derjenige des kulposen Nachdrucks schuldig,

welcher — ohne das Bewußtsein der Widerrechtlichkeit seiner Handlungsweise — von einem literarischen oder artistischen Erzeugnisse auf mechanischem Wege Vervielfältigungen vornimmt oder vornehmen läßt, durch deren Verbreitung die bestehenden Autoren- oder Verlagsrechte eines Anderen gekränkt werden, obwohl er bei Anwendung der gehörigen, auch ihm nach seiner Individualität möglichen Sorgfalt den Eintritt dieser rechtsverletzenden Folgen hätte vermeiden können.

---

[26]) Geßler, Ueber den Begriff und die Arten des Dolus. 1860. S. 90 ff. 248 ff.; vergl. Geib, Lehrbuch des deutschen Strafrechts. Bd. 2. 1862. S. 244.

Die Formen, in denen diese culpa beim Nachdruck zur Erscheinung gelangen kann, sind nach der Natur des Vergehens äußerst verschiedenartig.

Der Nachdrucker kann sich einer Fahrlässigkeit darin schuldig machen, daß er das von ihm mechanisch vervielfältigte Werk überhaupt nicht für ein schutzberechtigtes Original angesehen, oder darin, daß er sein Verlagsobjekt für ein eigenes Geisteserzeugniß und nicht für einen partiellen Wiederabdruck eines anderen Werkes gehalten, oder endlich darin, daß er die entgegenstehenden Verlagsrechte des Andern für erloschen oder für nicht bestehend angenommen hat. [27])

In allen diesen Fällen kann den Thäter der Vorwurf treffen, daß er die schuldige Vorsicht außer Acht gelassen habe, durch deren gehörige Beobachtung er es vermieden haben würde, die bestehenden Verlags- oder Autorenrechte Anderer zu verletzen. —

Sehr zweifelhaft ist nun aber die weitere Frage: zu welchem Grade der Aufmerksamkeit und Vorsicht der Nachdrucker verpflichtet ist, und ob nur eine culpa lata oder auch eine culpa levis und levissima die Strafbarkeit und Ersatzverbindlichkeit des Thäters begründet.

Wenn man in dieser Beziehung die allgemeinen Grundsätze des preußischen Kriminal- und Civilrechts zu Grunde legen wollte, so würde man unzweifelhaft zu dem Resultate gelangen, daß eine kriminelle Strafe gegen den Nachdrucker nur dann verhängt werden kann, wenn er die, im Strafgesetzbuche vorgesehene, nach bestimmten Graden nicht theilbare, Aufmerksamkeit außer Acht gelassen

27) Beispiele dieser verschiedenen Arten von culpa s. bei Heydemann und Dambach, a. a. O. S. 146. 208; 327. 337; 167.

hat; daß dagegen nach den Grundsätzen des allgemeinen Landrechts die civile Ersatzverbindlichkeit schon dann eintritt, wenn der Thäter auch nur ein geringes Versehen begangen hat. Denn da der Nachdrucker, als Buchhändler oder Buchdrucker oder Schriftsteller, regelmäßig zu den Sachverständigen zu zählen sein wird, bei denen eine besondere Kenntniß der betreffenden Sach- und Rechtsverhältnisse gefordert werden darf, so ist derselbe nach dem A. L. R. Th. I. Tit. 3. §§. 22. 23 und Tit. 6. §. 15 auch ein geringes Versehen zu vertreten schuldig.

Allein die praktischen Konsequenzen, welche sich bei der Anwendung dieser allgemeinen Rechtsgrundsätze herausstellen, lassen es als unzweifelhaft erscheinen, daß dieselben für das spezielle Delikt des Nachdrucks nicht maßgebend sein können.

Zuvörderst nämlich würde aus ihnen folgen, daß der Thäter wegen desselben Nachdrucks zwar von einer Strafe freigesprochen, gleichwohl aber zu einer Entschädigung verurtheilt werden könnte; und da nun bekanntlich nach preußischem Rechte in Nachdruckssachen ausnahmsweise der Entschädigungsanspruch im Wege der Adhäsion vor dem Strafrichter geltend gemacht werden darf,[28]) so würde in einem derartigen Falle der Richter in die völlig widersinnige Nothwendigkeit versetzt werden, sein Erkenntniß dahin zu fällen:

daß der Angeklagte zwar des strafbaren Nachdrucks für nichtschuldig zu erachten, daß derselbe dagegen

---

[28]) Entscheidungen des Königl. Ober-Tribunals vom 18. Januar 1861 (Justiz-Min.-Bl. S. 61) und vom 8. Mai 1863 (Just.-Min.-Bl. S. 186). Vergl. auch Dambach, der Adhäsionsprozeß in den Untersuchungen wegen Nachdrucks nach preuß. Rechte; in der deutschen Strafrechtszeitung. 1861. Nr. 23.

schuldig, wegen Nachdrucks dem Verletzten eine Entschädigung zu zahlen.

Eine derartige Trennung der im Nachdruck liegenden kriminellen und civilen Rechtsverletzung würde aber dem Sinne und dem Wortlaute des Gesetzes vom 11. Juni 1837 durchaus widersprechen. Denn der §. 10 dieses Gesetzes bestimmt ausdrücklich,

> daß derjenige, welcher das den Autoren, ihren Erben oder Rechtsnachfolgern zustehende ausschließende Recht beeinträchtigt, den Beeinträchtigten vollständig zu entschädigen verpflichtet ist und, außer der Konfiskation der noch vorräthigen Exemplare, eine Geldbuße von 50 bis 1000 Thlr. verwirkt hat.

Das Gesetz verbindet daher mit jedem verbotenen Nachdruck gleichzeitig eine civile und eine kriminelle rechtliche Folge und verordnet unzweideutig, daß Jeder, welcher sich überhaupt eines verbotenen Nachdrucks schuldig gemacht hat, neben der Entschädigung stets auch eine Geldbuße verwirkt hat. Dieser klaren Gesetzesvorschrift gegenüber würde es vollständig unzuläßsig sein, wenn der erkennende Richter annehmen wollte, daß der Thäter, weil er nur ein geringes Versehen begangen, zwar von der kriminellen Strafe freizusprechen, dagegen zu einer Entschädigung des Verletzten zu verurtheilen sei.

Noch prägnanter stellt sich aber die Unanwendbarkeit der obigen allgemeinen Rechtsgrundsätze über die Grade der culpa heraus, wenn man die verschiedenen Civilgesetzgebungen in den einzelnen Theilen der preußischen Monarchie ins Auge faßt.

Das Gesetz vom 11. Juni 1837 soll nämlich, wie sein Eingang ausdrücklich hervorhebt,

> „für den ganzen Umfang der Monarchie"

gelten. Nun hat aber bekanntlich nur das allgemeine Landrecht die dreitheilige culpa aufgenommen, während z. B. das in Neuvorpommern und Rügen, am Ostrhein und in den Hohenzollern'schen Landen geltende gemeine Recht nur die Eintheilung der culpa nach zwei Graden kennt. Wollte man daher die allgemeinen Grundsätze über die Haftbarkeit für ein kulposes Verhalten auch auf das Vergehen des Nachdrucks Anwendung finden lassen, so würde sich daraus ergeben, daß derselbe Nachdruck, je nachdem er in verschiedenen Provinzen verübt worden, eine verschiedene rechtliche Wirkung nach sich ziehen müßte. Denn der, nach den Grundsätzen des allgemeinen Landrechts urtheilende Richter würde den Thäter, welcher nur ein geringes Versehen bei Veranstaltung des Nachdrucks begangen hat, zur Entschädigung des Verletzten verurtheilen müssen, während der nach gemeinem Rechte erkennende Richter den Nachdrucker in einem solchen Falle freisprechen würde, da die culpa levissima des allgemeinen Landrechts nach den Bestimmungen des gemeinen Rechts in das Gebiet des Casus fällt für welchen eine Ersatzverbindlichkeit nicht eintritt.

Eine solche Verschiedenartigkeit in der Rechtsprechung würde aber im direkten Widerspruche damit stehen, daß das Gesetz vom 11. Juni 1837 für den Umfang der ganzen Monarchie gelten, seine Grundsätze also bei allen Gerichtshöfen gleichmäßig zur Anwendung gelangen sollen.

Unter diesen Umständen bleibt nur übrig, bei dem speziellen Delikt des Nachdrucks von einer scharfen Grenzscheidung zwischen den verschiedenen Graden der culpa abzusehen und es in jedem einzelnen Falle der freien Ueberzeugung des erkennenden Richters zu überlassen, ob er ein kulposes Verhalten des Thäters als erwiesen annehmen will. Hierbei wird — wie Jolly[29]) mit Recht bemerkt — dem Nachdrucker „billig mit strengem Maße gemessen werden, da er eine Handlung vornimmt, welche nach seinem eigenen Bewußtsein wenigstens die Grenzlinie fremder Rechte scharf berührt, und bei welcher er deshalb zu einer um so gewissenhafteren Prüfung aller relevanten Umstände verpflichtet ist.“

Daß eine solche Ignorirung der verschiedenen Grade der culpa eine Abweichung von den allgemeinen Regeln des Landrechts enthält, ist nicht zu verkennen; allein sie findet ihre unmittelbare Bestätigung in dem Gesetze vom 11. Juni 1837 selbst. Denn während die Unterscheidung der verschiedenen Grade der culpa bei den Deliktsobligationen ihre praktische Wirkung hauptsächlich darin äußert, daß je nach der Schwere des Versehens der Thäter theils nur den unmittelbaren Schaden, theils auch den mittelbaren Schaden und den entgangenen Gewinn ersetzen muß,[30]) bestimmt das Gesetz vom 11. Juni 1837 in den §§. 10. 11. ausdrücklich, daß bei dem Vergehen des Nachdrucks eine derartige Unterscheidung nicht eintreten, der Thäter vielmehr unter allen Umständen „den Beeinträchtigten vollständig entschädigen,“ und daß diese Entschädigung „nach Beschaffenheit der Umstände“ auf eine dem Verkaufswerthe von 50 bis 1000 Exemplaren der rechtmäßigen Ausgabe gleichkommende Summe richterlich bestimmt werden soll. Aus dieser Vorschrift ergiebt sich mit Gewißheit, daß der Gesetzgeber beim Nachdruck die Grenzscheiden der verschiedenen Grade der culpa hat aufheben und es dem freien Arbitrium des Richters hat über-

---

[29]) a. a. O. S. 94.

[30]) A. L. R. Th. I. Tit. 6. §§. 10—15.

lassen wollen, ob in dem einzelnen Falle „nach Beschaffenheit der Umstände" ein vertretbares Versehen als erwiesen anzunehmen sei.

C.

Am zweifelhaftesten, gleichzeitig aber auch von der größten praktischen Bedeutung, ist endlich die Frage: ob auch derjenige wegen Nachdrucks bestraft und zur Entschädigung verurtheilt werden kann, welcher ohne jedes vertretbare Versehen, aus reinem casus, einen Nachdruck veranstaltet hat.

Es gehören hierher namentlich diejenigen Fälle, in denen der Verleger trotz sorgfältigster Erkundigung die bestehenden Verlagsrechte einer anderen Buchhandlung nicht hat erfahren können, oder in denen er, vom Autor getäuscht, das in Verlag genommene Werk für ein Original erachtet hat, während sich dasselbe später als Nachdruck erweist u. s. w.

Das Königl. Ober-Tribunal hat, wie oben angeführt, diese Frage in dem Präjudiz vom 29. Juni 1853 unbedingt bejaht, und in neuester Zeit ist von den Gerichten erster und zweiter Instanz in derartigen Fällen wiederholt die Verurtheilung zur Strafe, Konfiskation und Entschädigung ausgesprochen worden.

Dieser Auffassung der Gerichte entgegen, wird von den bedeutendsten neueren Rechtslehrern übereinstimmend ausgeführt, daß, falls der Thäter bei Veranstaltung des Nachdrucks weder dolose, noch kulpose gehandelt habe, eine Verurtheilung desselben weder zur Strafe, noch zur Entschädigung eintreten dürfe.[31)]

---

31) Jolly, a. a. O. S. 92 ff.; Wächter, a. a. O. S. 623. 667; Gerber, Jahrbücher für die Dogmatik des heutigen römischen und deutschen Privatrechts. Bd. 3. S. 397 ff. Bluntschli (Kritische Ueber-

Diese letztere Ansicht muß auch nach preußischem Rechte als die richtige anerkannt werden.

Was zunächst die kriminelle Seite der Frage betrifft, so ist der im gemeinen Rechte ausgesprochene Grundsatz auch im preußischen Strafrechte unbestritten, daß die Bestrafung wegen eines Vergehens — und ein solches ist der Nachdruck [32]) nur erfolgen kann, wenn der Thäter dolose oder kulpose gehandelt hat, daß dagegen jede Strafbarkeit aufhört, wenn nicht wenigstens ein fahrlässiges Verhalten des Thäters nachgewiesen werden kann. [33])

Wenn von dieser allgemein gültigen Regel bei dem Vergehen des Nachdrucks eine Ausnahme hätte stattfinden und auch der ohne jede subjektive Verschuldung veranstaltete Nachdruck hätte bestraft werden sollen, so würde der Gesetzgeber eine so tief eingreifende Anomalie unzweifelhaft ausdrücklich angeordnet haben.

An einer solchen speziellen Bestimmung fehlt es aber gänzlich.

Man hat dieselbe zwar darin finden wollen, daß das Gesetz im §. 2 „jeden" Nachdruck für verboten erklärt, ohne zwischen dolosem, kulposem und kasuellem Nachdruck zu unterscheiden. [34]) Allein dies ist nicht richtig. Der Ausdruck „jeder Nachdruck" ist viel zu allgemein gefaßt, als daß man aus demselben mit Sicherheit schließen könnte, daß hierunter auch der rein kasuelle Nachdruck mit einge-

---

schau. Bd. 1. S. 18) will im Falle eines casus zwar die Entschädigungspflicht, aber nicht die Bestrafung des Thäters eintreten lassen.

[32]) Einführungsgesetz zum Strafgesetzbuch. Art. VIII.

[33]) Berner, Lehrbuch. S. 140. 146; Heffter, Lehrbuch S. 60; Hälschner, System S. 160 ff.

[34]) Hierauf stützt sich namentlich das Königl. Ober-Tribunal in dem Präjudiz vom 29. Juni 1853.

geschlossen sei. Es ist vielmehr dem strafrechtlichen Sprachgebrauch weit entsprechender, die Worte: „Jeder Nachdruck ist verboten," dahin zu interpretiren, daß mit denselben das Verbot des Nachdrucks nur soweit hat ausgesprochen werden sollen, als die That überhaupt in das Gebiet strafrechtlicher Zurechnungsfähigkeit fällt, d. h. also: falls der Thäter vorsätzlich oder fahrlässig gehandelt hat.

Diese Interpretation findet ihre volle Bestätigung bei Vergleichung einer ähnlichen gesetzlichen Bestimmung auf einem analogen Rechtsgebiete. Der §. 37 des Gesetzes über die Presse vom 12. Mai 1851 bestimmt nämlich wörtlich:

> „Der Redakteur eines kautionspflichtigen Blattes unterliegt wegen des strafbaren Inhalts desselben in allen Fällen, wo er nicht in Gemäßheit des §. 34 als Urheber oder Theilnehmer strafbar erscheint, wenn in dem von ihm redigirten Blatte ein Preßvergehen begangen worden, einer Geldbuße bis 500 Thalern, wenn ein Preßverbrechen begangen worden, einer Geldbuße von 50 bis 1000 Thalern."

Auch hier ordnet also das Gesetz an, daß der Redakteur „in allen Fällen" strafbar sei; dessen ungeachtet hat aber das Königl. Ober-Tribunal mit vollem Recht wiederholt angenommen:[35])

> daß es zwar des besonderen Nachweises eines strafrechtlichen dolus oder einer culpa gegen den Redakteur nicht bedürfe; daß aber, wenn ein Inserat von dem Redakteur auch bei Anwendung der ihm obliegenden Sorgfalt gar nicht für strafbaren Inhalts gehalten werden konnte, ihm die Nichtkenntniß des straf-

---

[35]) Oppenhoff, Rechtsprechung des Königl. Ober-Tribunals. Bd. 3. S. 314. 426.

baren Inhalts zu Statten kommen und er in einem solchen Falle strafrechtlich von jeder Vertretungsverbindlichkeit befreit bleiben müsse.

Ebenso verhält es sich mit dem Vergehen des Nachdrucks. Wenngleich bei demselben dem Thäter der besondere Nachweis eines dolus oder einer culpa nicht geführt zu werden braucht, so kann der Nachdrucker dennoch in denjenigen Fällen strafrechtlich nicht verantwortlich gemacht werden, in denen es ihm, selbst bei Anwendung der erforderlichen Sorgfalt, unmöglich war, zu erkennen, daß seine Handlung einen Nachdruck involvire, namentlich also alsdann, wenn er von dem Verfasser über die Originalität des Werkes getäuscht worden ist, oder wenn er die Verlagsrechte einer anderen Buchhandlung nicht hat in Erfahrung bringen können.[36])

Zur Begründung der entgegengesetzten Ansicht: daß auch der rein kasuelle Nachdruck die Strafbarkeit und Ersatzverbindlichkeit des Thäters zur Folge haben müsse, ist zwar noch angeführt worden:

> daß sonst der Zweck des Gesetzes gar nicht erreicht werden könne, indem jeder Herausgeber eines nachgedruckten Werkes sich mit dem Einwande zu schützen suchen würde, wie er geglaubt habe, ein Originalwerk herauszugeben, während der Beweis des Gegentheils in den seltensten Fällen zu führen sein möchte.[37])

Allein auch diese Ausführung ist nicht stichhaltig. Zuvörderst ist zu berücksichtigen, daß der Angeschuldigte, wel-

---

36) Die Beweislast liegt in einem solchen Falle nach allgemeinen Grundsätzen des preußischen Strafrechts dem Angeschuldigten ob. Vergl. hierüber: Goltdammer, Archiv für preuß. Strafrecht. Bd. 3. S. 32. 49 ff.

37) Präjudiz des Königl. Ober-Tribunals vom 29. Juni 1853.

cher einen derartigen Einwand erhebt, nach der obigen Auseinandersetzung selbst die Beweislast übernehmen muß, und daß er daher, als beweisfällig, seine Verurtheilung wegen Nachdrucks zu gewärtigen hat, falls es ihm nicht gelingt, nachzuweisen, daß er trotz der angewandten Sorgfalt die Nachdrucksqualität des von ihm verlegten Werkes nicht habe ermitteln können. Abgesehen hiervon liegt es aber stets in der Hand des erkennenden Richters, die vorgeführten Beweismittel einer genauen und gewissenhaften Prüfung zu unterwerfen, und derselbe wird den Einwand des Angeschuldigten nicht für durchgreifend erachten, falls nicht wirklich überzeugende Gründe dafür vorliegen, daß die Nachdrucks-Qualität dem Angeschuldigten trotz der von ihm aufgewandten Sorgfalt unbekannt geblieben sei.

Gelingt es aber dem Angeschuldigten, überzeugend nachzuweisen, daß er von der Nachdrucks-Qualität des von ihm gedruckten oder verlegten Werkes keine Kenntniß gehabt habe, so muß unbedingt seine Freisprechung von jeder Strafe erfolgen.

Mit dieser Freisprechung ist aber gleichzeitig verbunden, daß auch eine Konfiskation der vorhandenen Nachdrucks-Exemplare nicht erfolgen darf. Denn die Konfiskation ist im preußischen Rechte eine Strafe und darf — wie der höchste Gerichtshof wiederholt ausgesprochen hat — nicht verhängt werden, wenn der Thäter wegen mangelnder subjektiver Verschuldung freigesprochen wird.[38])

Ebenso, wie die kriminelle Verantwortlichkeit, muß aber ferner auch jede civilrechtliche Entschädigungsverbindlichkeit des Nachdruckers fortfallen, wenn demselben der Nachweis

---

[38]) Oppenhoff, Kommentar zum Strafgesetzbuche. 3. Ausgabe 1861. §. 19. Anm. 11. Vergl. Jolly, a. a. O. S. 92 ff.

gelingt,[39]) daß er bei der Veranstaltung des Nachdrucks nicht nur ohne dolus, sondern auch ohne jede vertretbare culpa gehandelt habe. Denn die Entschädigungspflicht des Nachdruckers basirt, wie bei jeder obligatio ex delicto, darauf, daß der eingetretene rechtswidrige Schade dem Thäter zur Schuld angerechnet werden kann, sei es, daß diese Schuld sich als Vorsatz oder als Versehen charakterisirt. Wenn dagegen dem Thäter nicht wenigstens ein geringes Versehen zur Last gelegt werden kann, so cessirt jede Vertretungsverbindlichkeit und der stattgefundene rechtsverletzende Erfolg fällt in das Gebiet des casus, für welchen eine Ersatzleistung nicht gewährt wird.[40])

Nur in dem Falle, wenn der Thäter durch Herausgabe des Nachdrucks wirklich einen Vortheil erlangt hat, wird er — selbst wenn ihm ein Versehen nicht zur Last zu legen ist — bis auf Höhe des erlangten Vortheils den rechtmäßigen Verleger zu entschädigen verpflichtet sein.[41]) Denn die sogenannte Bereicherungsklage, welche in diesem Falle dem Verletzten zur Seite stehen würde, ist nicht davon abhängig, daß der Verklagte ein Versehen begangen habe, sondern gründet sich — als eine Erweiterung der condictio sine causa — einfach darauf, daß der Verklagte als redlicher Mann verpflichtet ist, Vortheile wieder herauszugeben, welche er mit dem Schaden eines Andern erlangt hat, ohne daß diese Vortheile „als die rechtliche

---

39) Die Beweislast trifft auch im Civilprozeß den Nachdrucker; vergl. Koch, Lehrbuch des Preuß. gemeinen Privatrechts. 2. Aufl. 1852. Bd. 2. S. 51.

40) Koch, a. a. O. Bd. 2. S. 577; Bd. 1. S. 286; Heydemann, Einleitung in das System des preuß. Civilrechts. 1861. Bd. 1. S. 294 ff.

41) Vergl. auch Jolly, a. a. O. S. 92 ff.

und erwartete Folge eines eingegangenen Rechtsgeschäfts" angesehen werden könnten.[42]).

Faßt man sonach das gewonnene Resultat über die kriminal- und civilrechtlichen Folgen des kasuellen Nachdrucks kurz zusammen, so wird man die nachstehende Ansicht, welche Wächter[43]) vom Standpunkte des gemeinen Rechts ausspricht, auch nach den Grundsätzen des preußischen Rechts für unbedingt richtig anerkennen müssen:

„Zu jedem Delikte, sei es blos ein privatrechtliches, d. h. in seinen rechtlichen Folgen auf vermögensrechtliche Ersatzpflicht beschränktes, oder ein strafrechtliches, wird in subjektiver Beziehung erfordert, daß dem Thäter das Geschehene zur Schuld zugerechnet werden könne. Dies gilt daher auch von dem Delikte des Nachdrucks. Durch jedes Moment daher, durch welches bei einer mechanischen Vervielfältigung eines in einem fremden Verlagsrechte stehenden literarischen oder artistischen Erzeugnisses die Zurechenbarkeit zur Schuld ausgeschlossen wird, wird die Deliktsnatur des Nachdrucks, somit nicht nur jede Strafe, sondern auch jede Ersatzpflicht[44]) ausgeschlossen."

Man wird dieser Ausführung vom praktischen Gesichtspunkte das Bedenken entgegensetzen, daß in einem solchen Falle der rechtmäßige Verleger eines Werkes vollständig schutzlos sei, indem weder der Nachdrucker zur Strafe und Entschädigung verurtheilt, noch der weitere Verkauf der widerrechtlich hergestellten Exemplare gerichtlich

---

42) Koch, a. a. O. Bd. 2. S. 387; Heydemann, a. a. O. S. 307; Deklaration vom 31. März 1838 (Gesetz-Samml. S. 252).

43) a. a. O. S. 623.

44) d. h. mit Ausnahme der oben erwähnten Bereicherungsklage.

untersagt werden könne, sobald erwiesen sei, daß der Nachdrucker bei Veranstaltung des Nachdrucks nicht dolose oder kulpose gehandelt habe.

Allein dieses Bedenken erscheint nicht begründet.

Daß derjenige, welcher ohne jede subjektive Verschuldung einen Nachdruck veranstaltet hat, weder bestraft, noch zur Entschädigung verurtheilt werden kann, ist lediglich eine Konsequenz der allgemeinen Rechtsregel, daß nur dolose und kulpose Handlungen, nicht aber kasuelle Erfolge kriminal- und civilrechtlich vertreten werden; und der rechtmäßige Verleger eines Werkes kann sich in einem solchen Falle nicht verletzt fühlen, da er nur demselben Rechtsprinzip unterworfen wird, wie alle anderen Staatsbürger, welche durch ein Ereigniß beschädigt worden sind, welches Niemandem als Schuld zur Last gelegt werden kann. Gegen den weiteren Verkauf der durch Nachdruck hergestellten Exemplare ist aber der rechtmäßige Verleger auch in denjenigen Fällen, in welchen er wegen mangelnden dolus oder culpa Niemanden kriminal- oder civilrechtlich in Anspruch nehmen kann, vollständig gesichert. Denn sobald er den Nachweis geführt hat, daß ihm das alleinige Verlagsrecht zusteht und daß die sonstigen, auf mechanischem Wege hergestellten Exemplare unrechtmäßige Nachdrücke sind, würde jeder weitere Verkauf der Letzteren gegen die Bestimmung des §. 13 des Gesetzes vom 11. Juni 1837 verstoßen, nach welchem derjenige, welcher widerrechtlich vervielfältigte Werke wissentlich zum Verkauf hält, mit dem Nachdrucker solidarisch zur Entschädigung verpflichtet ist und die Geldbuße von 50 bis 1000 Thlr. verwirkt hat.

Auf Grund dieser gesetzlichen Bestimmung würde daher unzweifelhaft der rechtmäßige Verleger den weiteren

Vertrieb des Nachdrucks inhibiren und die Konfiskation der etwa vorhandenen Exemplare erwirken können.

Ueberdies wird der rechtmäßige Verleger in den bei weitem meisten Fällen, in denen er den Drucker oder Verleger des Nachdrucks wegen mangelnden dolus oder culpa nicht in Anspruch nehmen kann, gegen den Verfasser des Nachdrucks klagbar werden können, da dieser jedenfalls vorsätzlich oder fahrlässig gehandelt hat. —

Vielleicht wird man noch einwenden, daß Fälle, in denen der Beschuldigte einen Nachdruck ohne jede culpa verübt habe, in der Praxis schwerlich je vorkommen werden, indem dem Nachdrucker regelmäßig ein, wenn auch nur geringes, Versehen zur Last fallen werde.

Allein die Praxis der preußischen Gerichtshöfe vermag mehrere derartige Fälle eines rein kasuellen Nachdrucks aufzuweisen, und es mögen zum Schluß dieser Abhandlung zwei derartige Fälle des Beispiels wegen hervorgehoben werden.

1. Ein in Paris erschienener Roman erregte im Publikum ein derartiges Aufsehen, daß eine Berliner Verlagsbuchhandlung von demselben eine deutsche Uebersetzung veranstalten ließ. Der günstige Erfolg dieser Uebersetzung veranlaßte einen zweiten Buchhändler Berlin's, gleichfalls eine deutsche Uebersetzung des Romans herauszugeben. Er beauftragte mit derselben einen Literaten, zahlte diesem ein angemessenes Honorar und machte ihm ausdrücklich zur Pflicht, sich bei Anfertigung der neuen Uebersetzung jeder Benutzung der bereits erschienenen Uebersetzung zu enthalten und sorgfältig jeden Nachdruck zu vermeiden. Bei Ablieferung des Manuscripts versicherte der Literat, eine Original-Uebersetzung geliefert zu haben, und der Buchhändler, welcher selbst der französischen

Sprache nicht hinreichend mächtig war, ließ, im Vertrauen auf die Richtigkeit dieser Angabe, die Uebersetzung im Druck erscheinen. Später stellte sich indessen heraus, daß die zweite Uebersetzung ein unzweifelhafter partieller Nachdruck der ersterschienenen Uebersetzung war, und es wurde in Folge dessen auf den Antrag des rechtmäßigen Verlegers die Untersuchung wegen Nachdrucks eingeleitet.

In diesem Falle hatte offenbar der Verleger des Nachdrucks im besten Glauben gehandelt und sorgfältig Vorsichtsmaßregeln getroffen, um die Veranstaltung eines Nachdrucks zu vermeiden. Das einzige Versehen, welches man ihm zur Last legen konnte, bestand darin, daß er nicht vor Beginn des Druckes das Manuscript einem Sachverständigen zur Prüfung darüber vorgelegt hatte, ob dasselbe wirklich eine Original-Uebersetzung sei. Dieses Versehen war indessen jedenfalls so unbedeutend, daß schwerlich irgend ein Richter dasselbe vom Standpunkte des Civil- oder Kriminalrechtes als ein vertretbares Versehen erachtet haben würde.

Dessen ungeachtet erfolgte die Verurtheilung des Verlegers wegen Nachdrucks zu einer Geldstrafe und zur Entschädigung, weil mit Rücksicht auf die oben allegirte Entscheidung des Ober-Tribunals von dem erkennenden Richter angenommen wurde, daß zum Thatbestande des Nachdrucks eine strafbare Verschuldung nicht erforderlich sei.[45])

2. Noch prägnanter stellte sich die Möglichkeit eines kasuellen Nachdrucks in folgendem, literarisch sehr bekannt gewordenem, Prozesse heraus.

In einer der berühmtesten und geachtetsten deutschen Verlagsbuchhandlungen erschien eine Sammlung von Schul-

---

[45]) Heydemann und Dambach, a. a. O. S. 369. 579.

ausgaben classischer Autoren. An der Spitze des Unternehmens stand ein, als Autorität anerkannter Philologe, welcher die von verschiedenen Gelehrten bearbeiteten Ausgaben vor dem Drucke einer Prüfung unterwarf und demnächst deren Herausgabe vermittelte.

Die in dieser Sammlung erschienene Ausgabe eines griechischen Klassikers wurde als partieller Nachdruck einer anderen Schulausgabe desselben Autors denuncirt, vom literarischen Sachverständigen-Verein als Nachdruck anerkannt, und demgemäß die Untersuchung gegen den Verleger eingeleitet. In diesem Falle konnte sicherlich dem Angeschuldigten der Vorwurf eines kulposen Verfahrens nicht gemacht werden. Denn eine größere Sorgfalt und Umsicht kann der Verleger derartiger Werke nicht anwenden, als daß er sich auf das Urtheil anerkannter Gelehrten stützt, und deren Urtheil folgend, entweder den Verlag ablehnt oder annimmt. Dessen ungeachtet erfolgte auch in diesem Falle die Verurtheilung zur Konfiskation der vorhandenen Exemplare (der Verleger selbst war inzwischen verstorben), weil die erkennenden Richter auch hier annahmen, daß der Mangel einer subjektiven Verschuldung den Thatbestand des strafbaren Nachdrucks nicht ausschließe.[46]) Es beweist aber der vorgetragene Fall überzeugend, daß diese Theorie zu Resultaten führt, welche einer gerechten Strafrechtspflege diametral zuwiderlaufen.

---

[46]) Heydemann und Dambach, a. a. O. S. 345.

Druck von J. Dräger's Buchdruckerei (C. Feicht) Adlerstr. 9.

FSC
www.fsc.org
MIX
Papier | Fördert
gute Waldnutzung
FSC® C083411

Kolibri 360 GmbH
Ferdinand-Jühlke-Straße 7
99095 Erfurt, Deutschland
produktsicherheit@kolibri360.de